그리움
잔물결에
띄우다

그리움 잔물결에 띄우다

성정자 세 번째 시집

정출판

시인의 말

 적자생존의 법칙 아래 살아가는 모든 생명체는 위대하다. 또한 그들이 살아가는 데 필요한 요소들을 제공해 주는 물체들도 위대하다. 자의든 타의든 그들의 생존 필요 요소들을 제공해 주기 위해 희생되는 생물체들도 모두 위대하다.
 무한대로 이루어진 세상사.
 러닝머신 위에서 저 앞의 목표물을 향해 아무리 달려도 그 자리일 듯, 삶이란 테두리 안에서 유한한 생명이 무한의 노력을 해야 하는 위대한 존재들이 가엾다.
 생태 우리 안 먹이 사슬에 엮여, 천적이 없을 수 없는 이 세상에서 잡히지 않으려고 필사적인 노력을 하는 피식자의 고생은 물론이고, 잡으려고 쫓는 포식자의 삶도 고달프긴 마찬가지이다.

 글을 쓴다는 것이 어떤 의미인지도 모르고, 더구나 정제된 글이라 할 수 있는 시詩를 쓴다고 하는 것이 얼마나 무모한 일이었는지.
 머리에 떠오르는 사소한 일상의 얘기들을 어떻게 그려 내야 할지 몰라 사전을 들척이며 적당한 말을 찾으려 애

쓰다가 찾지 못할 때면 인간의 말이 얼마나 미흡한가 하고, 내 어휘력의 부족함을 인간의 부족함으로 돌리는 어리석음에 쓴웃음을 짓기도 했다. 그러면서 새로운 학설이나 이론을 정립한 학자들은 가히 신적 경지에 이른 사람들이라고 새삼 경탄했다.

신은 없다고 했었다. 신은 죽은 것이 아니라 처음부터 아예 없었다고 했었다. 그러나 끝내 무신론에 빠져있지 못 하게 한 것은 '꿈'이었다. 무의식적 욕망, 억압된 감정, 심리적 경험 등 여러 가지 이론들이 있으나 꿈의 예시력 豫視力은 그 어느 것으로도 설명이 안 되었다. 잠재의식이라고 하는 꿈의 경지는 신의 영역이라고 생각할 수밖에 없었다.

신앙생활이 삶의 버팀목이라 여겨지지만, 일상에서 과연 얼마나 믿는 것일까 자문해 볼 때마다 회의가 든다. 간간이 하느님께서 내려주시는 기쁨은 잠시이고, 파도처럼 수없이 밀려오는 고품라는 물결 앞에 속절없이 무너질 때면 '주님을 잡은 손 놓치지 않도록 붙들어주시니 감사합니다'하며 지내왔다.

고되던 내 삶에 대해서는 후회하지 않지만, 자녀들에게 생각이 미치면 매사가 내 잘못이고 실수투성이였다. 그런데도 지금까지 지켜주시고 앞으로도 끊임없이 보살펴 주시리라는 믿음 주시는 하느님께 감사드립니다.

오점투성이인 나에게 배려의 정으로 응원을 보내주신 모든 분께 감사드립니다.

2025년 여름에
성정자

차례

시인의 말　　　　　5

1 / 새로운 발견

푸르름	17
봄나들이	18
예쁜 동네	20
수첩 속의 서명	22
고요	24
머엉	25
새로운 발견	26
뇌리안식腦裏安息	28
휴대폰 없던 시절	29
한낮에	30
뒤집기	31
면회실 풍경	32
겸연쩍은 날	33
평행선	34
시행착오	36
역류	39
개울물	40
신념	42
굼벵이	44

아제보니	47
늦가을 꽃	48
반동	50
질식	51
슬픈 가장	52
허심	54
삶의 자락	55
빈쭉 마음	56

2 / 그대 앞에서

열매	59
아름다운 가정	60
안토니아	62
고통의 진상眞相	64
노을녘	66
기대	67
노래 부른다	68
노래	69
기도의 힘	70
독백	72
임마누엘	74
다시 보이는 세상	75
의탁	76

미완의 시절	77
무한	78
상념	79
소화불량	80
새싹	81
예쁜 그림자	82
잔물결 마음	84
돌확	85
아버지 추억	86
그대 앞에서	87
할머니 마중	90
비	91

3 / 후회할 수 없어

실레 마을	95
황금 시절	96
아까운 두 젊음	97
질서	98
고언	99
오아시스	100
기진	101
수술실 기행	102
예비 환자	104

마취에서 깨어날 때	105
중환자실 견문	106
호강	107
겨울이 오는 길목	108
고통의 진리	109
각성 1	110
각성 2	112
겁에 질려	113
숨길	114
막막함에서	116
진력	117
횡설수설	118
발작	120
분화(잔류물)	122
비탄	124
사진	126
후회할 수 없어	128
패자 연민	129

4 / 우정 향기

못난이 한	133
그냥	134
2021년 봄	135

바이러스의 선물	136
의미 부여	137
산수傘壽를 앞에 두고	138
투생기	139
정감 흐르는 집	140
TV 보기	141
가로수	144
집	146
빗물 방울	147
천둥	148
벼락소리	149
는개	150
비 오는 소리	151
우정 향기	152
김유정역 가는 봄날에	154
고갯길	155
새해 벽두	156
송년 시기	157
문턱에서	158
병상의 벗 생각하며	159
존재 가치	160
어색	161

5 / 남도 기행문

고속도로에서	165
어느 해 동해안에서	166
선사 유적지에서	168
흔적	169
이변 1	170
이변 2	171
무는 무無	172
두 살 반의 세상 경험	174
남도 기행문	175
인생	178
발효	179
천사의 위로	180
기도지향	181
기도 기록 앞에서	182
깨달음	184
교무금	185
극기 연습	186
항변	187
묵주기도 하다가	188
어머니 선물	190
에덴에 살다	191
대단한 힘	192

한자 외어 쓰기	194
분에 넘치는 사랑	195
기쁨	196
감사합니다 1	197
감사합니다 2	198
감사합니다 3	199

1
새로운 발견

푸르름

눈 한가득 펼쳐진 푸르름을 본다
사슴도 사자도 보이지 않고
새소리 발소리 들리지 않고
그저 푸르름만 안고 있는
평화 이전의 무언가 정물체로 임계화 된

생성의 끝 단계에서
소멸의 첫 단계로 들어서려는
혼탁한 소용돌이인 듯
분기점인 듯
선선히 흐르는 시간을 본다

오른손의 무게
왼손의 무게 모두 내려놓고
소용없던 최선을 내려놓고
언제고 오고야 말 시간 맞을 준비하면서
눈 한가득 펼쳐지는 푸르름을 간다

봄나들이

걷던 발 멈추니
이조년 시비 앞

스승님의 안내로
처음 보았던 시비

한담 나누던
그 발작 위에 서서

칠 백여 년 전
이 땅에서 월백했을
이화를 그려 본다

칠백 년 전이나
칠 년 전이나

월백 했던 이화나
일백 하는 벽壁들이나

생사의 그음 선
이쪽이나 저쪽이나

스스럼없다
봄날의 벚꽃처럼
동절의 설화처럼

예쁜 동네

불안했지만 그냥 따라나섰다
하늘도 예쁜 동네
집들도 예쁜 동네
반찬도 맛있어 음식도 예쁜 동네

처음 본 고인돌
피난살이 넓은 궁터
수학여행 시절 공기가 숨어있는 대지

아쉬움 달래 준 넓은 갯벌
서구 정취가 물씬 나는 정경
꽃송이마저도 진하고 탐스러워

최초의 한옥 성전 지붕만 바라보고
벼 익는 넓은 들 가로지르며
아쉬움 안고 돌아오는 길

낮게 피어 모인 흰 구름 무리
두툼히 햇솜 덮고 누운 산등성
"나무 빛깔도 달라요" 라는 탄성이 들린다

조마조마 조마조마 맘 졸이며
차에서 잠깐씩 내려 걷던 하루 종일
아무 일 일어나지 않았다

오늘 나에게 아무 일 안 일어났다

수첩 속의 서명

멋모르던 날들이
쏟아진 은총의 도가니였음을
깊은 곳에서 솟아오르는 뜨거운 감동甘動

옛일들처럼
이 또한 옛일이 될 것임에
망연히 응시하는 허공
향심일까
아늑히 가슴속으로 자리해 온다

무겁고 거추장스러운 애정희락愛情喜樂
강행지영强幸知榮
군더더기 공무허막空無虛漠

끌지 않아도
밀지 않아도
그 또한 지나갔고
이 또한 지나가고
저 또한 지나갈 마음의 항로

멈추고 스쳐 감이
쉴 곳 없는 고요함 나타낼 말 찾지 못해
머엉히 눈길 고정하고 있다

고요

잔잔한 황금이 흐르는 시간
황금 가루 보슬보슬 떠 있는 공간
아늑하다고 해야 할까
이 시공을 그려낼 말 만들 수 없으니
팔십 년간 배운 말이 이토록 어설펐나
여기가 지금 대합실일까
프리즘을 통과하기 전 햇빛일까
비단결 폭 안인 듯
스척스척 지나던 세월의 소리
흔적 없고
현실의 고요함이 안유安裕에 싸여
진하늘색 노을빛 초록별들이

혼연일치 된 여기에서
너즐대는 소리에 눈 귀를 감고 있다

머엉

복 중에 가장 큰 복이
죽음의 복이라던가

"왜 그렇게 사는가" 라고
잔소리했는데
영전에 서고 보니
'내 방식이 틀렸었나' 회의가 들었다

양파껍질 같다는 진리
갈피 잡을 수 없어
그래 통탄하는 한스러운 모정을
조금은 편하게 살아볼까

답 없는 물음을 맥 적게 던져 본다

새로운 발견

전철 타고
한강 다리 건너던
미사 참례 길
싱그러운 시대가 아름다웠던 길

삼십 년으로 가는 동안
망각 속에 묻혔다가
애틋한 영상으로 되살아난다
가장 의미 있는 기간으로 선연히 각인된다

복을 빌어주시던 두 팔이
온 세상을 품는 듯이 넓던 아버지
어렵기만 해
자꾸만 뒤처지게 하시던 아버지

먼저 가신길 뒤따라가
혹시 또 마주칠 때가 온다고 해도
데면데면하면서 숨을 곳이나 찾겠지

전철 타고 한강 다리 건너던 광경이
그리워할 기억으로 다가오니
오! 그 시간이 은총의 때였을까

까닭 모를 감격이
서러운 모양으로 감싸여온다

뇌리안식腦裏安息

하늘 어디선가 숨 쉬고 있을
진리 찾던 날들의 성심誠心

하늘 어느 공간을 잠재울
경건한 감격의 떨림들

잡다한 소음들 숨죽이며
사르르 멀어져 가고

호흡 너머에서 밝그레 번지는 한 점 빛
언저리로 밀려나는 힘 잃은 어둠

휴게소에 앉아 재어보는
세 치도 안 되는 거리. 멀다

휴대폰 없던 시절

조용한 전철 안에서
안내 방송이 흘러나온다

승객들의 안락한 여행을 위해
고성방가를 삼가해 주시기 바랍니다.

청아한 남자 목소리는
성실히 안내 방송을 반복하고 있었다

고요히 앉아있던 한 청년
"지가 고성방가하네"

한낮에

아무도 없는 집안에 홀로 누워
여기저기 들려오는 매미 소리 듣는다
스르륵 스르륵 자동차 가는 소리
맑고 천진한 사내아이들 노는 소리

이 한가로운 시간에
분주해지는 마음
먼 옛날의 그리움인가
먼 훗날의 기대감인가

그저 호젓이 살고 싶다
의미도 보람도 모두
다른 이들에게 맡기고
늦가을 마지막 잎 떨어뜨린 나무처럼

뒤집기

갓 백일 된 아기가 뒤집기를 시도한다
몇 번이고 도전하며 실패를 거듭해도
꽁꽁 대며 뒤집으려 무던히도 애를 쓴다

아무도 가르쳐주지 않은 뒤집기를
생애 최대의 목표로 삼아
젖 먹는 힘을 다해 부단히 노력한다

드디어 거듭되는 실패를 딛고
주위의 환호 속에 뒤집기에 성공하고
엎드린 채 고개 들고 방긋 웃는 귀염둥이

면회실 풍경

나르 영감이 요양병원에 입원했다
아들 며느리가 면회하러 갔다
나르 영감 언제나처럼 소리 지르고

평생 시달려 온 아들도 같이 소리 지르고
보다 못한 며느리 아들에게 조용히 하라 소리 지르고
세 사람이 소리 지르다가 면회 시간 끝났다

*나르- 나르시시스트를 줄여서 쓴 말

겸연쩍은 날

어버이날은 가슴 아픈 날
힘들게 번 돈으로 사주는 밥 먹는 날
사양해도 쥐여주는 돈 받아야 하는 날

어버이날은 겸연쩍은 날
쌓은 것 없이 칭송들어야 하는 날
받는 만큼 못다 하는 마음 아픈 날

어버이날은 성가신 날
젊은이들 공연히 신경 쓰게 하는 날
어색함을 무릅쓰고 따라나서야 하는 날

평행선

1
따듯한 남쪽 나라 그리는 마음과
눈썰매 타고 싶은 북쪽 나라 그리는
상반되는 두 마음의 줄다리기에
지치도록 싸우는 갈래 길 앞 마음들이

예쁜 꽃 만발한 남쪽에 가면
과일 향기 그윽한 나무 사이 거닐며
아름다운 마음 폭에 수놓으며 살 텐데

눈보라 새하얀 북쪽에 가면
가슴속 시원히 찬바람 가르며
자랑스레 용맹을 떨쳐볼 수 있을 텐데

따듯함이 그리워 헤어지고 싶은 맘
손 맞잡고 눈보라 속 달리고 싶은 맘
이래서 영원한 견원지간이다
이래서 영원한 평행선이다

2
물품들 아까워 못 버리는 엄마와
몰래몰래 내버리는 아들이
한자리에 앉았다

엄마 같은 사람만 있으면
우리나라 망해요
너희 같은 사람만 있으면
지구가 망해

어휴!
이그!
엄마와 아들은 서로가 답답해
할 말 잃고 고개를 옆으로 돌린다

시행착오

1
며느리는 내게 야채을 덜어 주었다
나는 며느리에게 면발을 덜어 주었다
며느리는 야채를 좋아하고
나는 면발을 좋아하는데

2
바쁜 사람이니
한가할 때 보라고
문자를 보낸다

바쁜 사람이니
문자로 하지 말고
전화로 하라고 한다

바빠서
문자 온 거 보고는 '나중에' 하고
잊어버린다고 한다

문자 주고받기도 바쁜

요즘 사람들
짐만 되는 늙은이다

3
그때 나는 전화요금을 무척 아꼈다
공공기관에 긴 설명을 들어야 하는 전화 문의를 자주 해야 했었을 때 담당자가 "제가 전화 다시 드릴게요" 할 때마다 전화요금 아껴주려는 마음으로
"아네요 제가 잠시 후 다시 전화를 드리겠습니다"
그래서 그때는 전화요금이 무척 많이 나왔다

상대방도 부담스러웠을 것이다
그편에서 편리한 시간에 전화해 주도록 했더라면 상대방도 편하고 나도 전화요금이 많이 나오지 않았을 텐데

4
옛 친구 네 명이 만났다
밥을 먹고 찻집에 들어갔다

"우리 조용한 곳으로 가자" 하고 앉았던

자리에서 일어나 금연석으로 갔는데
담배 냄새가 진동했다

금연 구역에서 담배를 피웠다고
못마땅해하던 한 친구가

"도대체 인간들이" 하며
손가락으로 까딱까딱 가리키는 벽에는
흡연이란 글자가 붙어 있었다

역류

요르단강에서
물결 따라 둥둥둥
떠내려가면
마지막에 이르는 곳은
죽음의 바다 사해

요르단강에서
물결을 거슬러 숨차게
치올라가면
이윽고 다다르는 곳은
생명의 바다 갈릴리

개울물

인적 드문 산골에
작은 개울물이 있었습니다
맑은 물이 흐르는 개울이었습니다

어느 날
사냥 몰이꾼들의 발길에 의해
개울은 흙탕물이 되었습니다

그 아래쪽에서
물 찾아왔던 목마른 나무꾼이
그 물 차마 못 먹고 되돌아갑니다

그러나
개울물은 아무 할 말이 없었습니다
흙탕이 된 물을 정화 시킬 힘도 없었습니다

그래도
그러면서 그대로 흘렀습니다
몰이꾼들의 발걸음도 지나갔습니다

어느새
물결 따라 흐르던 물은
처음의 제 모습을 되찾았습니다

그리고
개울물은 다시
목마른 이들의 생명수가 되어주었습니다

신념

강물이 흐른다
온갖 더러움을 안고
무겁게 무겁게 흐른다

산골짜기에서 흘러나온
깨끗한 물 한 방울

햇살 옷 입은 듯
반짝이는 물 한 방울

매끈한 바위에서
미끄럼 타다가
물고기들과 어울려 놀기도 하다가

돌 틈새 지나면서
물풀 사이 지나면서
한낮의 맑음을 노래했다

문득 잿빛 하늘에 놀라
엉겁결에 사방을 둘러보니

폐수로 굽이치는 거대한 물결

나 혼자 맑으면 무엇하나
깨끗한 물 한 방울은 정신이 아득했다
………?
………!

나 혼자만이라도
나 혼자만이라도
정갈함을 잃지 말자

깨끗한 물 한 방울은
힘들고 외롭게 자신을 지켜갔다

강물은 무겁게 흐르던 강물은
한 방울만큼 깨끗해져
한 방울만큼 가볍게 흐르고 있다

굼벵이

굼벵이가 있습니다
부드러운 흙 속에 안겨서 지냅니다

개미가 지나가다 흉을 봅니다
저렇게 큰 몸뚱이로 빈둥거린다고

지렁이가 옆에서 욕을 합니다
다른 이들 먹을 것 혼자 다 먹어서
저렇게 몸이 뚱뚱하다고

땅강아지 그 말에 한마디 거듭니다
하는 일 없이 분칠만 해대서
몸뚱이가 저렇게 뽀야니 하얗다고

굼벵이 비난들에 반박할 명분 없어
저들처럼 돼보려고 안간힘을 씁니다

개미처럼 큰 짐을 물고가려 했습니다. 그러나
아무리 애를 써도 물 수도 갈 수도 없었습니다

남 먹을 것 내 다 먹어 이렇게 뚱뚱하니
이제라도 굶어서 살을 빼보자, 그러나
지렁이를 닮기도 전에 굶어 죽을 뻔했습니다

그러면 흙이라도 뒤집어써 흙투성이 되어보자
굼벵이는 진흙밭에 뒹굴었습니다
그러나 몸뚱이가 흙빛으로 되지는 못했습니다

굼벵이 하늘 향해 호소합니다
하느님 아시지요
내 마음 아시지요

개미처럼 그렇게 일하고 싶어도
지렁이처럼 그렇게 날씬하고 싶어도
땅강아지처럼 그렇게 흙빛 되고 싶어도

죽어가는 순간까지 노력하더라도
굼벵이로 죽어갈 수밖에 없다는 것을

하느님 굼벵이를 위로합니다
조금만 더 참아라
때가 오면

바람에 하늘대는 초록 잎 사이로
가벼운 날개 달고 이리저리 나닐며
나뭇잎 아래서 고운 노래 부르다가
목마르면 시원한 단물 먹게 될 테니

이제 보니

질척질척
구중중
달갑잖던
이제 보니 그것이 단비였군요

끈적끈적
땀방울
반갑잖던 그것이
이제 보니 찬란한 햇빛이었군요

험하고
먼 길에서
짐만 되던 도울 이가
이제 보니 달리는 말 채찍이었군요

늦가을 꽃

맑은 하늘 아래 꽃이 곱게 피어 있었습니다
보는 이마다 찬사를 보내 주었습니다
행복이 저절로 발산되고 있었습니다

찬 서리 내리고 난 가을 아침에
꽃은 볼품없이 되어 있었습니다
누구도 예쁘다고 하지 않았습니다

윤기 흐르던 꽃잎에는 잔주름이 가득했고
꽃술은 하나 둘 떨어져 엉성해졌습니다

이 현실은 내 것이 아니라고
인정할 수 없다고
꽃은 소리소리 외쳐댔습니다
그럴수록 꽃은 더 추해져 갔습니다

휘몰아친 엄동설한 눈보라 속에서
이것이야말로 설상가상이구나
이럴 수는 없다
정말 이럴 수는 없다고

저항하던 꽃은 기진해 잠이 들었습니다

아름다움 잃어버린 슬픔을 딛고
분노로 소리치던 상심傷心을 딛고
새로운 희망을 안고 힘차게 돋아나는
예쁜 새싹을 꽃은 꿈속에서 보았습니다

반동

공중에 떠올려져 환호하다가
떨어져 내려오는 슬픈 불안

바닥에 떨어져 아파할 틈도 없이

굳은 땅의 되밀침에
다시 튕겨 올려지는 반동의 힘

질식

허공을 바라볼까
눈을 감을까
휘휘 저을까
소리 지를까
몸을 칭칭 감는 동아줄
진저리쳐지는 암반의 짓누름

슬픈 가장

빈곤에 허덕이던 가장이
살길 찾아 이리저리 헤매던 끝에
찬란한 금강석을 발견했다

한 개 두 개 세 개 네 개
금강석 알맹이는 여기저기 흩어져 있었다
기쁨에 넘친 가장은
열심히 주워 아내에게 가져다주었다

한 번 두 번 세 번 네 번
가장의 기쁨은 점점 커 갔고
아내도 그러려니 하는 생각은 착각이었다

그저 귀찮은 돌멩이에 불과했던 아내는
세상에서 가장 단단한 금강석을
차곡차곡 모았다가
가장을 해치는 무기로 사용했다

돌멩이를 맞으며 가장은
진주를 돼지에게 던져 준

자신의 어리석음을 비로소 깨달았다

넋 잃은 가장은
날아온 금강석을 집어 들고
힘을 잃고 서 있다
초점 잃은 시선을 늘어뜨리고

허심

세상은 끝없이 넓은 것 같은데
하늘도 끝없이 넓은 것 같은데
내 마음 누일 한 곳도 없구나

녹음방초 짐승무리 풀벌레 물고기 떼
수없이 많고 많아 헤아릴 수 없는데
덩어리진 가슴속 말 토해낼 곳 없구나

강물 바닷물 많고 많은 물이지만
울적함 쏟아 낼 도랑물 하나 없고
자연소리 인공 소리 수많은 소리 중에
내 목소리 짝해줄 소리 하나 없구나

삶의 자락

움켜쥘 수 없었던 흐름 속에서
무의식중에 잃어버린 나의 실체
두 손안에 감싸여진 아픈 머리
무능한 내 모양이 서러워
소리 없는 큰 소리로 외쳐댄다

살아있으란 명령을 받들기도 벅차
건진 것 하나 없이 흘려보낸
젊은 날의 아까웠던 수많은 날들이
후회조차 할 수 없는 게으름은 아니었길
길고도 길었던 삶의 자락들

빈空 마음

울고 싶은 날엔 허공을 본다
아무것도 없는 허공을
그릴 것도 지울 것도 없는 허공을

노랫소리 웃음소리 어우러지고
소망과 이상을 그려보았어도
남겨진 것 하나 없는 빈 하늘을

보이는 것 전혀 없고
들려오는 아무것도 없어도
보이는 듯 들리는 듯 다가오는 허공을

2
그대 앞에서

열매

피난 온 사람들이
바닷가 모래밭에 고추씨를 심었다.
아침저녁으로 물을 길어 부었다
헛수고 같았어도
일 년 이 년…
사람들은 해마다 씨를 심었다
땀과 함께
눈물도 함께 씨를 심었다

십 년 이십 년…
땀은 거름이 되고
눈물도 거름이 되어
모래밭은 기름진 땅이 되어갔다
상추가 자라고
고추가 열리고
호박이 익어가는 동안
사람들은 시름을 잊어갔다

아름다운 가정

내 가슴에 간직된 아름다운 꽃 두 송이
거룩하고 단아함에 고개 숙여지는 모습
지상에서 이룬 성가정을 보았어라
구세사의 꽃을 정성으로 키워 낸
성 요셉과 성 마리아의 가정을

내 마음에 아로새긴 아름다운 꽃 두 송이
단아한 사랑으로 어여쁘던 그 모습
아리따이 젊은 가정을 본 듯했어라
동정을 지키며 박해 시절 목숨 바친
유중철(요한)과 이순이(루갈다)의 가정을

내 눈앞에 비쳐온 정겨운 꽃 두 송이
찬 공기 데우려고 허리 굽힌 그 모습
참사랑으로 감싸여진 가정을 보았어라
고된 생활 속에서도 감사히 살아가며
만종을 탄생시킨 어느 한 가정을

산 높은 정상에서 화사하게 핀 꽃처럼
완치산에 오르려 지친 이들의

애끓는 희망을 반겨주소서
사랑이 흐르는 해맑은 정상에서
길이 빛나소서 님 따르는 두 님이여

안토니아

훌륭한 여인
자랑스러운 신앙의 딸
쓰레기로 엉긴 세상 보기 싫어
아까운 눈 감아버린 비운의 안토니아

빨강 파랑 다 버리고
투명 광명 내놓을 때
자지러질 절망으로 한 맺힐 문을
주님 굳게 붙들고 기쁘게 들어서며

'육신의 썩은 눈 가져가시고
영의 밝은 눈을 대신 주소서'
감사기도 드렸다는 아~
말로는 다 못 했을 그 마음

끝 모를 심연 깊은 곳에서
한없이 흘러갔을 눈물에 띄우며
영혼조차 떨렸을 실명의 슬픔 딛고
낯선 세상 더듬으며 환히 웃는 안토니아

내 비록 몸과 마음 연약하고 가난해서
당신께 도와드릴 아무것도 없어도
어린 마음이나마 조심스레 드리오니
마다 말고 받으세요 그 밝은 미소로

고통의 진상眞相

십자고상 보노라면
의아해지는 한 가지

원수들 앞에서
제자들 앞에서
어머니 앞에서
벗김 당한 수치를

아픔과 수치를 함께 안고 죽으신 주
그런데
고통만을 드러낸 반쪽 십자가
반쪽 십자가

난데없는 수건 한 자락
어디서 나왔나

수건이 아니다
그것은 거룩한 성혈이어야 한다

마지막 수난의 심장에서 쏟아 내린

덩어리진 핏줄기로
위선의 자락을 걷어버리고
성혈로 가려지는 수치여야 한다

노을녘

아직도 눈물이 남아있음은
아직도 젊고 있다는 말이겠지요.

유난히 아름답게 물든 단풍은
유난히 더운 여름을 보낸 것이라지요

눈 덮히는 겨울은 내일의 것
오늘 이 아름다움을 영원으로 살아도 되겠지요

기대

어두움에 밀려났던 환희가
다시금 안개처럼 밀려온다
귀하게 받았던 주님의 은총을
어리석은 교만으로 놓쳤던 날들

주 앞에 엎드려 울며 빌던 설움이
한량없이 다가오는 은혜를 맞으려
떨리는 기쁨 속에 두 손을 모은다

신랑을 기다리는 행복한 신부인 양
내일을 기다리는 설레는 마음은
되돌아와 엎드리는 탕자의 마음으로
다시금 설움에 잠겨도 본다

"오 주님 나 이제 갑니다
날 받아 주소서"
애끓는 노래 가슴으로 부르며
내게 오실 주님을 다소곳이 기다린다

노래 부른다

노래 부른다
얼룩이 씻기는 노래
감미로움으로 이끌어 주는 노래

죄악이 큰 곳에
은총도 크다고 했던가

난폭할 수밖에 없었던
게르만의 슬픔이 녹아나는 노래들

착취의 문화
무자비함의 거름 위에
아름답게 피어난 매끄러운 선율

아마존과
다뉴브의 불협화음이
요르단강물에서 순화된 멜로디

노래 부른다
불신의 괴로움이 씻기는 노래
감미로움에 잠기는 노래 부른다

노래

물이 샘솟듯
가슴에서 노래가 샘솟는다
애틋한 감미
포근한 정감
평화로운 감동

굳은 마음 두드리는 박자
가슴을 적시던 음률
훨훨 날 듯 가벼웠던 음조

울고 싶은
울고 싶어진 아름다운 노래
님께로 향하는 간절한 노래
맑은 노래가 샘솟듯 흘러넘쳐
온 땅에 번진다 번져나간다

기도의 힘

포기하라고 했다
그럴 맘 조금도 없으면서 마지못해 포기했다
마음을 잡을 수 없었다

제가 받을 몫 받지 못한 것 있으면
제가 쌓는
하늘나라의 보화 되게 하소서
안 나오는 기도를 억지로 했다

가까스로 올리는 기도 속에
내가 받을 몫이 태산보다 더 크게 다가왔다
할 수 있는 게 없으니
내키지 않는 기도를 계속할 수밖에 없었다

차츰 기도하기가 쉬워져 갔다
얼마 동안 꾸준히 기도할 때
뜻밖의 변화가 일어났다

내가 받아봐야 몇억밖에 더 받겠나
하는 생각이 들며 태산보다 더 크던 내 몫이

티끌보다 작게 느껴졌다

들끓던 마음에 안정이 왔다
생각하지 못했던 현상 앞에서
심중에 떠오르는 한마디가 있었다
'기도의 힘이 정말 크구나'

독백

오 주님 내 이 서러움이 없었다면
어찌 기도할 수 있었겠습니까

절망에서 희망을 안겨주신 주님
여러 모양으로 현존하심을 보여주신 주님
내 신뢰 잃을 때 나를 붙드소서
내 열정 식을 때 나를 감싸주소서

오 하느님 내 아버지 사랑이신 아버지
세상이 들을세라 긴 대롱 입에 대고
하늘 향해 부르짖는 내 애원
당나귀 귓병을 앓고 있는 이 고통을
굽어살피사 응답해 주시옵소서
불쌍한 이 죄인을 가엾이 여기소서

오 내 주님 경악이 없었다면
어찌 주님을 뵈올 수 있었겠습니까
광풍이 없었다면
어찌 주님을 붙잡을 수 있었겠습니까
폭우에 휩쓸리지 않았다면 내 어찌

주님을 갈망할 수 있었겠습니까

은총이 아니셨더라면 어찌
넘어지게 하는 돌을 발판 삼을 수 있었겠습니까
고통 앞에 감사기도 할 수 있었겠습니까
연약한 내가 지금 살아갈 무기는
'감사합니다 주님 뜻이 무엇인지 모르지만'
'이 짐을 질 수 있다 안정해 주시니 감사합니다'

소중하고 귀중한 이 두 마디뿐입니다

임마누엘

세상에 와서
마음속에 자리 잡은 이름 하나
흙탕물 속에서도 찾아 헤매고
우박 쏟아지는 폭풍에서 간절히 찾던 이름

새소리 날아가던 하늘에 있을까
물고기 떼 넘나드는 산호초 사이에 있을까

부서져 흩어진 듯
모으고 맞추기 힘들고 어려워
애타게 불러보던 이름 하나
내 갈 길 다 가도록 맞추어 가야 할
평생토록 찾을 이름 임마누엘

다시 보이는 세상

냉혹한 상대라고 여겼던 너
싸워야 할
거짓과 위선으로 싸인
해악한 상대였던 너
온갖 폭력배들로 어지럽게 느껴지던 너

꽃과 풀잎 어우러지고
물소리 바람 소리 정다운
공기처럼 공중에 스며있는 정감들을
예전에는 왜 몰랐던고
온갖 피조물들이 은총의 산물인 것을

의탁

여길 봐도 저길 봐도 동서남북 둘러봐도
한결같이 외면하는 모습으로 느껴짐을
갈바리아 예수님께 봉헌합니다

원인 모를 수렁 같은 무력증에 시달리며
머리 어깨 가슴 허리 팔다리의 통증을
갈바리아 예수님께 봉헌합니다

미완의 시절

세 줄기 폭포 앞에 실신하는 희망가
아무것도 모르던
무지한 세월이 아름다웠다

절벽 위 아득한 정상에 오르려
밟은 사다리
잘못 밟는다고 착각하며

넝쿨에 불과한 줄을 잡고
노력하던 시절이 아름다웠다
칠십칠 년간 견지해 온 벽이 무너지는 소리

무한

땅끝은 지평선에서 멈추고
하늘 끝은 수평선에서 멈추고
허공은 마음속을 헤맨다

지평선 너머에 땅이 또 있고
수평선 너머에 하늘이 또 있고
마음속 더 깊은 곳에서 허공이 지친다

상념

사방으로 흩어지는 물동이를 이고
함박웃음으로 춤추는 아이들

더러움을 품어 안은 저 흙 속에
뿌리박고 자라는 무성한 나무들

별을 닮은 반짝이는 눈망울로
저 앞을 바라보는 흑인 아이들

대지를 뒤덮는 수많은 건축물
깨끗해 어지러운 문명 도시

연속되는 만물의 생성소멸에
어떤 의미가 있는 것일까

소화불량

이 진한 시간이 언제 만들어졌을까
무엇이 재료로 사용되었을까
웃다가 스러진 이 없고
체액은 생수보다 귀한 것

섭취해야만 살 수 있듯
배설해야만 살 수 있는데
소리소리 질러대면 외적 흠결 생기고
속으로 삼키면 울혈이 생긴다

소화액
상상이 체험을 능가할 수 없고
제한된 소화액은 숙명적일 듯
다람쥐 쳇바퀴 속에서 돌고 또 돌아도
도토리 주울 수 없는 이 시간

음울한 흙먼지 쓸어내려는가
빗물이 흐른다

새싹

그대 보았나요
벽돌담 벽 틈새로 돋아나는 풀잎을
끈질긴 생명력을

엄동설한 찬바람에
이리저리 치이다가
돌담 벽 작은 틈새 자리 잡은 새싹을

그 많은 땅 넓은 옥토
그때마다 놓치고
운명의 바람 따라 자리잡힌 좁은 공간

그대 보이나요
비좁아도 척박해도
주어진 그대로
주어진 사명 다하고 있는 자세가

예쁜 그림자

아버지 출장길에 들고 오신
아가 옷
큰아버지가 사 보내주신
연노랑 예쁜 옷

엄마가 입혀주는
처음 보는 옷이 좋아
아가는 두 팔 벌린 채
큰 마당으로 달음질쳐 나갔다

여름빛 반사되는 넓은 마당에
환히 빛나는 까만색 그림자

앙징스레 예쁜
제 그림자에 취해
아가는 뜨거운 햇빛 속에서
두 팔 활짝 벌리고 뱅글뱅글 돌았다

80년이 돼 가도록 선명한 기억
삼복더위도 맥을 못 춘 소중한 옷

\- 지금 생각하니
8월 초순 내 생일이었나 보다

잔물결 마음

잔잔히 흐르는 시냇물 위에
나뭇잎 한 개 살며시 띄우고
내 마음 그 위에 실어보고 싶어라

고요히 흐르는 정다운 물결 따라
동실동실 한가로운 나뭇잎 위에
내 마음 살짝 실어 떠나보고 싶어라

돌확

산세山勢도 변하고
민심도 변하고
우리 집 모양새도 변했어도
마음속 우리 집은 변하지 않는다

여름이면
우물가 돌확에
물 퍼 놓고 세수하던
그때는 햇살도 평화로웠다

바닷가 조약돌처럼
매끈하던 돌확
돌확 속의 물은
다른 물보다 더 맑고 시원했었다

물그림자 알른지는
먼 옛날
두레박으로
퍼 올려 담던 돌확 속의 물

아버지 추억

여름이면 부엌에서
생선회 썰어 놓고
같이 먹자 부르시던 아버지

아버지 다정한 손길
가슴 가득 느끼며
아버지가 썬 생선을
내가 만든 초고추장에 찍을 때
한여름 날 뒤란에 햇빛이 가득했다

겨울이면
돼지고기 썰면서
같이 먹자고 하시던 아버지

아버지와 마주 앉아
새우젓에 생고기 찍을 때
계집애에게 별걸 다 먹인다고
아랫목에서 눈 흘기시던 어머니
윗목에 앉았어도 방안은 따듯했다

그대 앞에서

출산 첫국밥에
미역국도 먹지 못했던 여인이여

비탈진 산 길가에
잡초만 듬성듬성한
생전의 모습대로 초라한 그대
산소 앞에 서본다

분홍 꽃고무신 옥색 꽃고무신 신고
복숭아 반지 태극 반지 끼었던 어린 날
곤색 치마 흰 블라우스의 산뜻한 학우들과
웃음소리 날려 보냈던 하늘처럼 파란
젊은 날 가고

열심히 살아가는
자녀들이 안쓰러워 울던 여인이여

물 한 공기 한 뼘의 실을 아끼는 생활로
질시의 눈길을 온몸으로 받으며

비웃는 눈길에
부끄럼 없노라 자위하던 여인이여

연이은 수술 후
소금 반찬 밥 먹으며 느껴 울던 여인이여
여리디여린 몸으로
미소년 적 횡포를 견뎌내던 여인이여

나 그대를 위해 울어주노니
울어 줄 이 있음에 나 또한 행복하오

비록 마른 잡초 밑에 누웠더라도
방울방울 흘렸던 눈물
보람된 면류관의
보석 되어 빛나는 날 있으리니

어느 정해지는 날에
그대와 나 손 맞잡고
맑은 눈물에 떠가며 웃어봅시다

갓난아기 백일이 되어가던 무렵
아홉 끼째 굶던 날
젖이 안 나와 애타 하던 여인이여
쏟아진 눈물 쓸어모으며 하염없던 여인이여

할머니 마중

길가 잡초밭에 노랑나비 나풀댄다
장다리 밭에서 춤추던 나비들 따라
할머니 향기가 돌아온다

포근한 봄볕 아래 바구니 들고
새아씨 꿈 품은 듯 다소곳하던 할머니

앙실방실한
가사리 같은 하시며
미소 짓던 할머니

"하아" 웃음으로 한을 넘기시던 할머니

숙영낭자전을 즐기시던 할머니
이춘풍전을 들려주시던 할머니
이 봄 바람에 실려 할머니가 오신다

비

길에 내리는 비야
오래 슬펐구나

세차게 내리는 비야
많이 힘들었구나

폭풍우야
얼마나 힘들고 슬펐으면
그리 사납게 몸부림치느냐

3
후회할 수 없어

실레 마을

그곳은 나의 피난처였다
편리함의 극치인 이기利器 앞에서
무능함으로 오그라든 깜깜한 절망에서
훌쩍이는 추태로 우왕좌왕했었다

설레며 거기에 갔을 때
그곳은 내게 고향을 주었다
눈길 가는 곳마다 해학적인 이야기로
시름에 지친 나를 한없이 웃겼다
새싹처럼 파릇파릇 새 기운을 주었다

이제부터 여기가 내 고향이다
내 유골 들고 와 여기에 묻으리라
싱그러운 나무 밑에서 고요히 지내리라
부질없는 희망에 살포시 잠겼다

황금 시절

그를 주제로 정하고 나서
그에게로 다가갔다

그에 대해 알아보고
수소문해 볼수록
그에게로 빠져들었다

베옷 태자의 후예
경화사족의 혈맥이

어느 틈새론가 새어든 광기에
사그라진
그의 아픔과 고뇌에 침잠될 때

나는 그의 마음에 들고
그는 내 마음에 들어
나는 그가 되었다

그리고 내 삶은 그의 삶이 되었다

아까운 두 젊음
　- 동주와 유정

꽃잎이 떨어진다
별을 헤던 꽃잎이 부끄럽던 꽃잎이
매서운 칼바람에 파르르 떨어진다

약병아리 열두 마리 갖고 싶다
봇물에 휩쓸리며 외치던 소리
살려달라 내민 팔이 사르르 스러진다

질서

연노랑 물드는 은행나무 아래서
연빨강 탐스러운 장미 꽃송이들

철 따라 순응하는 은행나무 아래서
철모르고 피어난 소담스러운 장미 송이

질서와 무질서가 한곳에 어우러져
독보적 가을 풍경을 만들어 내고 있다

고언

허약한 몸 이끌고
높은 재 넘어가듯

숨 가쁜 가슴속 열
얼음으로 다스릴 때

"베스터 고정하세요,
잔챙이가 했으니"

오아시스

하늘도 모르고 땅도 모르는 양
고뇌에 떨며 아픔으로 지쳐가도
외롭지 않았노라 외칠 수 있음은
소중한 이들이
지친 몸 붙들고 지켜주고 있음이라

기진

삼 구와의 전쟁에서
세속아 나는 너를 이길 수 있다
마귀야 너도 이겨낼 수 있다는 희망이 있다
그러나 육신아
너를 어쩌면 좋으냐
늘 쉬고 싶어 하는 너를
호흡조차 쉬고 싶어 하는 너를

영원한 생명을 얻으려는
내 영혼을 붙들고
같이 쉬자고 끈질기게 조르는 육신아
너를 어쩌면 좋으냐
이 세상 끝날까지 어쩌면 저세상까지
떨어져 있을 수 없는
육신아 너를 어쩌면 좋으냐

수술실 기행

기다리던 수술실 문이 열리고
아들 배웅받으며 들어갔을 때
그곳은 입원실보다 더 하얗고 밝았다
쾌적한 방안 천장이 새하얗게 빛나고 있었다

'세상에 왔다가
수술실 구경도 시켜주시니 감사합니다'

예상했던 긴장감은 어디에도 없고
흰옷 입은 사람들이
소풍 나온 듯이 가벼운 환담歡談을 나누다가
내 침대를 수술대 앞으로 데리고 갔다

'화면에서나 볼 수 있었던 장면을
옆에서 보여주시니 감사합니다'

의사 선생님 바로 앞이 신기한데
한가히 몇 마디 주고받으며
마취된 후 수술대 위로 올려졌다

"자라고 수면제 놓았는데 왜 안 자요?"
"잠이 안 와요"

"잠이 안 와요? 스탠 바이, 메스 하나" 하니
옆 사람이 "메스 하나"
그 옆 사람이 "메스 하나"
또 그 옆 사람이 "메스 하나" 하는
소리 들으며 신기했다

의사 선생님의 다음 말이 있었던 것 같은데
나는 그때 잠이 들었다
다음 말을 들었더라면 더 좋았을 것을

스탠바이 메스 하나, 메스 하나, 메스 하나
그렇게 편안하고 행복한 시간이었는데…

예비 환자

걷고 싶다
팔을 휘휘 저으며
찬 바람 끌어안고 활기차게 걸어가고 싶다

독감 예방주사 맞으려고
몸조심하느라
밖에도 잘 나가지 못하는 답답함에

목소리 터져라
온몸이 찢어지라 외치며
힘찬 활갯짓으로 휘젓고 다니고 싶다

마취에서 깨어날 때

튤립일까
장미 송이일까
선명하게 새빨갛고 샛노랗게
싱싱함을 뿜어내는 꽃송이들 위를
침대에 반듯이 누운 채로 지나갔다

꽃송이 카펫 길이 끝날 즈음
얼굴 위에 드리어진 연한 넝쿨들
두 손으로 헤치며
여기가 어디야
여기가 어디야 하면서 눈을 뜨니

수술 다 끝났습니다
옆에서 지키고 있었던 듯한
의사 선생님의 말씀이 들렸다

벌써요?
잠깐 잠들었던 것 같은데
어느 틈에 수술했을까
의아하고 신기했다

중환자실 견문

76시간 잠 속에 있다가 깨어날 때
활짝 반기는 간호사의 목소리
화사하고 낭랑했다

흐릿하던 시야가 점점 맑아지면서
화색이 만연하는 가족의 얼굴들이
또렷하게 보여졌다

상상조차 못 했었던
의식이 회복되는 경이로운 체험
나는 참으로 행운아다

호강

이송 기사가 밀어주는 침대에 누워
검사실로 가는 복도를 지날 때면
"침대 갑니다" 알리는 소리가
"상감마마 행차요" 하는 외침으로 들렸다

요양병원으로 가는 구급차 안에서
잡다함을 내려놓고 편안히 누워
동행하는 가족들의 보살핌을 받으며
난생처음 호강함에 행복했다

밝고 평화로운 수술실도 구경했고
따듯한 정을 주던 중환자실에도 있어 봤고
요양병원까지 가 보았으니
더 이상 바랄 것이 없다

겨울이 오는 길목

작은 쥐 한 마리 가랑잎에 누워있다
누덕누덕 낙엽 덮고 모로 누워 굳었다
맵고 차 몸서리치는 겨울 피해 떠나갔나

완전함은 없다고 버릇처럼 뇌이면서
완전함을 만나고자 헤매다 지쳤다
완전한 피안의 세계 가고지고 목멘다

고통의 진리

하느님께서 사람의 고통을 아실 수 있을까
불완전한 존재의 고통을 알 수 있을까
아신다면 어찌 이리 잔인하십니까

무슨 의미입니까

약육강식의 의미가 사랑이라시면
고통의 진리는
영생으로 가는 여정이라고 하실 것입니까

수렁 같은 진흙탕에서 허둥대는 외침이
허공에 부딪힌 울림으로 되돌아온다

각성 1

가는 곳마다 사람들이 말했다
상대방이 바뀌기를 바라지 말고
나 자신이 먼저 바뀌라고

진부하도록 들어온 그 말을
나는 곡해하고 있었다
밑바닥까지 나를 죽이라는 말로
내 자아를 밟으라는 말로 잘못 알아듣고 있었다

고 관절이 똑 부러지고 나서야 나는 알게 되었다
세 군데 뇌경색이 있는 머리에
조그만 종양 한 개
뇌동맥류 질환이 있다는 것을

또 얼마 후에
협착증 디스크 측만증 압박골절이
있다는 것을 알게 되었다

울며 절망하며 분노하며
몇 개월 보낸 후에

내가 바뀌어야 한다는 뜻을 깨달을 수 있었다

나도 먹고 싶은 것 먹고
가고 싶은 곳 가고
하고 싶은 말 하는 삶으로
바뀌어야 한다는 것을

내가 나를 팽개쳐 놓고
누구보고 돌보아 달라고 투정이었는지…
내가 바뀌어야 내가 살 수 있는 길이었다

다른 사람을
희생으로 하는
이기적인 삶에 대한 성찰은
내가 살고 난 다음에 생각해 볼 문제였다

각성 2

일어나야 굽힐 수 있다
살아나야 죽을 수 있다
내가 일어나야 한다
내가 살아나야 한다

내 자아를 죽이고자 한다면
먼저 내 자아를 살려내야 한다
없는 자아를 죽인다는 것은
허상이다 헛웃음 거리다

겁에 질려

금빛으로 고운 기운
방 한가득 환한 햇빛

무엇을 위한 비추임인지
갑자기 밀려오는 슬픔

요통으로 앉아있기 힘들고
걷기 연습도 참아야 한다

잠에서 번쩍 눈을 뜨면
무섬과 서럼이 가슴을 메운다

기린 목 자라목 반복하는 허리
달랑달랑 드나드는 두 발목 그네

이것도 운동이라고
침대 모서리에 앉아 시도해 보는 서름

미움도 원망도 웬만할 때 할 수 있다
절망 속 슬픔에선 그마저 사치다

숨길

이십오 년에 숨길이 막혔다
사십팔 년에 휘몰아친 폭풍에 숨길이 트였다
맘껏 숨을 들여 마실 때
쪼그라든 허파가 힘겨워했다
모처럼 맑은 산소 공급받은 머리는
새로운 햇빛에 환호했다
산소는 좁아진 기도氣道를 힘겨워했다
스스로 겸양을 취할 수밖에 없었던 머리

칠십일 년에 새로운 숨길이 트였다
진리가 스민 길은 환희로 벅찼다
막힌 숨길에서 허덕이던 숨통은
폭넓게 내리는 산소를 감당할 수 없었다
눈앞이 환해지고 머리가 맑아져도
숨통의 비명을 외면할 수 없어
아쉬움을 안은 채 사양해야 했던 가슴

칠십칠 년에 신선한 숨길이 트였다
겸양도 사양도 필요 없는 편안한 길
우산이 준비되고 방풍림이 있는 길

숨통의 투정 없이
조용히 받아들이는 맑은 산소
격랑 속에서 훈풍으로 다가선 젊은 산소

막막함에서

어딘가 걸어가서
누군가 붙들고 울고 싶다
외로움에 떨다
두려움에 떨다
서러운 날들을 들어내고 싶다

가랑잎 붙들고
지친 몸 가랑잎에 기댈까
위로받을 곳이 없다
나를 위로해 줄 한가한 사람이 없다

진력

우주를 들어 올린다
우주를 내려 눕힌다
하루에 열네 번씩

우주의 무게가 오십여 킬로그램인가
고통이 수반되는 작업
누군가 말 잘했다 "우리 몸이 우주"라고

횡설수설

또 졌다
언제나 무참히 져
문제는
지고도 지지 않았다고 당당한 것
주심은 어디 갔나

졌다고 판결 한데도 승복할 맘 없으니
어디다 물어볼까
'내가 정말 진 것인가' 라고
말씀의 기준으로 보면
분명 졌겠지

내가 졌다는 당위성을 어떻게 찾아야 할까
흐르는 시간 따라 답이 오려나

밥
밥을 먹으려면 승복해야 하는데
누가 말해 줄 이 없다
그냥 굶을까
먹으려고 승복하기 싫다

지고 또 진다
인정할 수 없지만 졌다고 할까
승패의 판가름 해 줄 이 찾지 못하고
자꾸 넘어진다
넘어지고 또 넘어진다

발작

쓰레기 더미를 뒤진다
오물을 잔뜩 뒤집어쓰고
악취의 고통에 취해 들며
더 심한 악취에 취하려 자꾸만 파헤친다

큰 덩어리 작은 덩어리
더러움에 중독되려는 듯 더 큰 덩어리
더 심한 덩어리 찾으려
더 단단한 덩어리 쓸어 안고
악취에 몸부림치면서도
거기에 점점 빠져든다

냄새에 세균에 심신이 상해가도
금강석보다 더 소중히 끌어안고
펄펄 타오르는 사나운 불길
탁! 탁! 튀기며 퍼져 나는 불똥

오십삼 년 쌓인 쓰레기 더미
일만 구천사백사십팔일
쌓인 쓰레기 더미

긴긴 시간 동안 더미 속에 묻히며
썩지 않고 그대로 드러나는 덩어리
쌓이고 쌓이는 무게에 눌려
까만 숯이 된 석탄
한숨과 눈물에 녹아 돌기름 된 석유

탁! 탁! 튀기며 타는 석탄과
활활 타오르는 석유 불이
온몸과 온 정신을 휩싼다
혼미해지는 정신
허물어지는 몸 비틀대며 쓰레기 속에 묻힌다

분화(잔류물)

분노의 불길 타오르던 곳에
진화의 물길이 늪처럼 자리했다
타다 꺼진 숯덩이
덩달아 휩쓸려온 부산물들이
황토물도 뒤엉켜 분간 못 할 슬픔들

불안일까
불안일까
갸우뚱해 봐도
무엇이라 정의 내릴 수 없는
막막한 그림자 같은

불길 피어오른다
석탄을 먹으며
긴 긴 날들 어둠에 짓눌려

겹치고 겹치고
그 많은 날
하늘도 가려진 채 쌓이는 멍들

불길 피어오른다
축적된 아픔을 먹으며

비탄

1
허공에도 내 별빛
울 수 없어
휘저어지는 물엿처럼
빙빙 돌려 엉겨 붙는
진한 슬픔의 가슴속
눈물로 녹여 낼 수 없어라

2
고통을 홀로 감당할 수 없어
손을 내밀면 내밀수록
돌아오는 것은
손바닥을 내리치는 회초리뿐이다
따듯이 잡아 줄 손 보이지 않는다

3
즐거운 음악 소리
힘 솟는 춤사위
모두 내 것이 아니다
내 것은 오직

영별永別 뒤의 안식처일 터이다

4
수정 한 개 흘려내려 글자가 되고
길목 넘던 소금물 단어가 되어
글자와 단어가 정답게 끌어안고
능선 따라 흘러내린 멍든 호소들

사진

사진을 본다
서러운 마음 달랠 길 없어
분통을 터뜨릴 마땅한 곳 없어
절망감에서
으레 해야 할 일인 것처럼

위로를 받는다
위안을 얻는다

정감이 어린 손길
다정한 대화
빈틈없는 배려심
사리지 않는 적극성

정성어린 노력으로
공든 탑 가꿔 가는
최선 앞에서
잠깐 돌아보게 되는 이 생활

무의미한
유해까지 한 이 생태生態
면목이 없다

후회할 수 없어

허술하고 오점투성이던 내 삶이다
진흙탕에서 허우적거렸다
참으로 못나게 살아왔다

그러나 후회하지 않는다
아니 후회하지 못한다

다시 옛날로 돌아간다 해도
그렇게밖에 할 수 없을 것이기 때문이다
그때의 나나 지금의 나나 똑같은 나이기 때문이다

패자 연민

길섶에 무성한 풀 나무들아
신록의 힘 뿜어내는 초목들아
너희를 있게 한,
너희들에게 뒤처져
미처 세상을 보지 못한
다른 씨앗들을 생각해 보아라

걷기 연습하면서
무성하게 자라는 초목을 보노라면
생존경쟁에 뒤져
땅속에 묻힌 채
숨죽이고 있는
다른 씨앗들의 슬픔이 보인다

4
우정 향기

못난이 한

고통의 연장延長에 불과한
생명 연장

고통을 단절시켜 주는 것도
의술의 자비

그런 의술의 자비를
불의로
악의로 몰아붙이는 이 사회

차라리 자객이 자비라고 여겨진다
자비로운 행위자라 여겨진다

자객이 좋은 일하는 사람이란 생각에
자객을 기다리고 싶어도

잘나지 못했으니 자객이 올 일
없음에
잘나지 못한 것이 한스러워졌다

그냥

용단을 주었던 말을
다시 듣게 되니
'그냥'의 힘이 새로이 떠오른다

억세고 거친 바다
험산 굴곡도
스멀스멀 넘어가는 힘

부러지지 않고
부서지지 않고
부드럽게 넘어갈 수 있는
'그냥'의 힘

서러운 버팀목이던
'죽음' 대신
'그냥'을 지팡이 삼아 다시
일어서 봐야겠다

2021년 봄

바이러스에 묶인 다리가
미세먼지에 길이 막힌 눈에게
자꾸 보챈다

먼 곳의 산수를 보여달라고

바이러스의 선물

주책없이 흐르는 안수眼水
꼴불견 비수鼻水
이지러지는 양순兩脣까지
묵묵히 감싸주는 고마운 마스크

양손에 지팡이
느릿느릿 걷는 걸음
막막함에 서러워
'주님' 부르면
뒤미처 나오는 '감사합니다'

영문을 모르는 말
'감사' 일러주시는
전지전능 무한자비
주님 감사합니다

의미 부여

신문에서 상식 문제 요약해
손자 손녀에게 보낸다

이미 알고 있을지도 모르는데
복습이라는 의미도 있어

앙증스러운 답장
귀여운 문자들

삶의 의미를 잃은 나에게
이런 사소한 일들에서라도

살아야 하는 이유를 찾으려
허우적댄다

무의미한 일상
불쌍하다

산수傘壽를 앞에 두고

고요한 아침
맑은 아침
예방주사 통증은 타이레놀에게 맡기고
듣고 싶은 그대 조용히 불러본다

그대에게 향하는 맘 억제하기 어려워
물결 위에 맴도는 물매미가 된다
지난번엔 그대가 팔을 못 들었다더니
오늘은 내가 팔을 못 든다

영장靈長이라면서
바이러스에 끌려
무더기로 이 고생을 하다니

80대로 살기 싫다 발버둥 쳤는데
이제 반년이 지나면 80대
오! 그대여
우리 80대를 어거지로 맞이해야겠구려
울며 겨자 먹어야겠구려

투생기

춤을 춘다
"이 강산 낙화유수…" 흐르는
노래 맞춰

손에 들렸던 걸레
그마저 놓아버리고

다시 이어놓은 메뚜기 뒷다리
제자리걸음으로
명주실 흐르던 팔
삼베 석고 바른팔로
삭정이 된 실버들 가지
뒤틀 뒤틀 흔들며

바위에 던진 달걀 몇 개이던고
마음엔 뜨거운 노怒 발갛게 엉기고
응어리진 통증의 분출구가 어딘가

삭정이 된
실버들 가지
뒤틀 뒤틀 흔든다

정감 흐르는 집

넓고 환한 집
문을 열고 들어서면
오른쪽 벽면에서 그림들이 돌아간다

이런저런 사진들이 지나가고
기다리던 얼굴 나오면
반가움에 잠길 틈도 없이 지나가

아쉬움에
발길 못 돌리고 있으면
기다리던 얼굴 다시 돌아와

반가이 환영하고
기다림이 있는 행복에 감사하며
감격 어린 발걸음 돌린다

TV 보기

TV를 보자 하고
의자에 앉아 보려니 힘들다
누워서 보려니 더 힘들어
노래 맞춰 춤을 추면서 보자

의자에서 일어나
이 발 저 발 떼다가
쓰러질까 봐
의자 붙들고 제자리걸음

발바닥 방바닥에 붙이고
뒤꿈치 왔다 갔다 V자를 그린다

발바닥 바닥에 딱 붙이고
무릎만 이리저리 굽혔다 폈다가

온몸을 기우뚱기우뚱 흔들며
발뒤꿈치 달싹달싹
고개 좌우로 까딱까딱

왼쪽으로 게걸음 네 발짝째 찍고
오른쪽으로 게걸음 네 발짝째 찍고

수술했던 부위가 아파 온다
마음에서 단 샘이 흘러
아장아장 제자리걸음

제2 인생 시작한 한 살배기가
서글던 심중에 새싹 같은 기운이 솟아
지휘봉 잡은 듯이 한 손으로
박자 맞춰 흔든다

조금 느끼한 노래가 나와도
가만있지 않고
느릿느릿

다음 노래에 마음 밝아져
이 발 저 발 떼다가 힘들어
시계를 보니
1시간이 지났다

운동 많이 했으니 쉬어야겠다

TV에선 노래가 계속되는데
나는 누워서 눈을 떴다 감았다
평화로운 시간이다

가로수

조경사 손에 가지런해진 나무
잘려 나간 가지들 튼실하고 싱싱해

내가 무얼 잘못 해 잘라내는가?
소리소리 외쳐도 소용이 없다

억울해도 어쩔 수 없다
모르는 게 있다

다 잘했다
가지도 단단했고
잎사귀도 반듯하고 윤기로 빛났다

억울해도 감내하라
네가 모르는 것은
네가 너무 잘났기 때문이라는 것을

조경사 눈에는
너무 힘찬 가지도
정리해야 할 대상이라는 것을

전체적인 조회를 이뤄야 하는
조경수의 생태를 벗어났다는 것을
인정할 수 없어도 받아들여야 한다

집

집에서 1,500보 거리에 있다
크고 넓은 집
다시 나고
다시 힘주는 집

지친 마음
기진한 몸
포근히 감싸주는
유일한 안식처가 되어주는 집

빗물 방울

베란다 난간에 나란히 매달려
하얗게 반짝이는 투명한 빗물 방울
햇빛이 없어도 빛나는구나

사방은 잿빛 침침한 장마철
옥금같이 반짝이는 저 빗물 방울
내 눈에는 안 보여도 햇빛은 있나 보다

천둥

그르르릉 그르르릉 그릉
하늘에도 찻길이 있나
크르르 쿵쾅 으르르 꽝
쫘르르

며칠 전날 밤에는
번개만 번쩍이더니
오늘은 종일 천둥이 소리친다

여기는 서충주
번영 신라의 중앙점에
탑이 세워진 중앙탑면

한 보름 비 같지 않던 비가
지질대더니
천둥 값을 하려는지 줄기져 내린다

끝났다던 장맛비가
이제부터 시작인가
여기저기 홍수 소식 난리인데
여기는 조용하다

벼락소리

하늘 깨지는 벼락소리
힘차게 퍼붓는 빗소리
흰 구름에 폭 싸여 편안히 쉬렸더니
사방에서 시끄러워

행복하다
건강하다 아름답다 진실되다
꽃으로 설경으로
진경산수로 어지럽힌다

는개

가랑비가 옵니다
메마른 가슴을 금시에 적십니다

소리 없이
바람 없이
가랑비가 옵니다

오늘은 춘분
아침밥을 먹으려다
복도로 나갑니다

다시 보니 네가
는개구나
는개야 좀 더 굵게 많이 내려라

씨앗 속까지 날리는 먼지
씻겨 내리게

비 오는 소리

비가 내린다
주르륵 주르륵 탁탁
난간에 부딪는 빗소리
가슴속 한줄기로 씻기며
젖어 내리는 소리

차르르 차르르 차르르 촥 딱
빗소리가 달라진다
난간에 떨어지던 빗소리가
벽면에 부딪치며
가슴벽이 트이는 소리다

우정 향기

봉오리 진 국화길에서
아카시아 향기로 다가와 준 그대여

능소화 아래서 해맑았던
재작년 그날의 기억이
어제의 일인 양 생생한데도
아득한 옛일인 듯 그립구려

일렁이는 파도를 보다가
졸음에 취해 감은 눈 뜨기도 전에
홀쩍 지나간 눈망울에 피던 꿈

달려가 만나 고픈 다정한 벗이여
더 가까이 다가가기 두렵소이다

그대 순백의 모습에서
작은 티라도 보게 될까 봐
순백의 모습에
작은 티라도 묻혀주게 될까 봐

꾹 참고 멀리서 그리워만 하고 싶소
가을빛에 실려 오는 아카시아 향기여

김유정역 가는 봄날에

이 긴 터널을 완보할 수 있을까
터널 많은 김유정역 가는 길

다 파헤쳐졌어도
내 고향이던 김유정역
실레마을

다시 한번 가볼 수 있을까
활짝 핀 꽃들 다 져가는데
마음은 터널 속 긴 겨울

물끄러미
밝은 햇살 바라만 본다

고갯길

님이 넘으셨던 고갯길
나도 넘어 봅니다

님이 돌아보시던 길
나도 돌아봅니다

님의 마음 나도 느껴보고자

님이 넘으셨던 고갯길
나도 넘어 봅니다

님이 돌아보시던 길
나도 돌아봅니다

새해 벽두

파란 하늘에 하얀 구름이 한가롭고
맑은 햇살 비춰오는 걸음마 길에서
까치가 깍 깍 깍 울어주었소

송년 시기

첫걸음 내디디며 고래고래 질렀다
또 한 걸음 내디디며 뚝뚝 흘렸다
다시 또 내디디며 '준비 땅' 기다린다

문턱에서

친구, 우리의 70대가 끝나가네
제1 인생기가 지나가네
우리들의 70대를 후회 없이
뜻있게 보냈다고 생각되네

친구에게 한 내 약속 때문에
못 참고 써 놓고는 못 보내는
이 또한 뜻있는 일이라 사료되오

이제 내일 모래면 태아기요
팔십 대란 말 대신 제2 인생기라 할거요
우리 설레는 마음으로 기다립시다
오는 한 해 힘찬 태동기로 지내봅시다

친구의 반가운 소식 기다리는 내 목이
더 길어지지 않기를 바라오

병상의 벗 생각하며

똑 똑 똑
지팡이 짚고
그대 불 켜진 창 쳐다보며 걸었소

문자를 주었지만
내용을 확실히 파악하지 못해
엉거주춤한 상태로 지낸다오

두 빙신들이
자지러지게 웃어댔던 그 저녁
팔십 대 청춘들의 재롱이었소

고도로 발달한 의술에 맡겨진 우리
사람들을 웃기는 펭귄 걸음으로라도
인생 행진곡에 맞추어 힘차게 걸어갑시다

꼼짝하지 않고 조용히 있다가
그대가 소식 전해오면
봄 처녀 맞으러 나서리다

존재 가치

"밥 먹는다는 거 그거
힘든 일인 거
이제 알았으니 헛나이 살이었다"라는
병고의 친구를 생각한다

만일 그 친구가
'살아있을 이유가 어디 있는가' 라고
묻는다면
명쾌히 대답해 주리라
'그대 존재 자체로 의미 있다'고

'그대'라는 단어에
'나'를 대입시켜 본다
나에게도 있어 줌에 의미 있다고 해 줄
누군가 있을까

눈물이 주르르 흐른다

어색

눈이 마주치자
내미는 손
마지못해 잡아 준 손

알 수 없는 심중
서서히 서서히
돌아가는 시간들

미움이 아닌 것을
무심이 아닌 것을
그만큼이 한계였던 것을

차라리
모른 것이
나을 뻔했다

양쪽에 발 담긴
엉거주춤한 상태
정리가 되지 않는다

5
남도 기행문

고속도로에서

들꽃이 지나갔다
모낸 논 연녹軟綠 못줄이 나란히 지나갔다
유유히 강물도 지나고
무성한 소나무들도 지나갔다

누가 잡거나 말거나
보거나 말거나
무조건 지나갔다
나와 같이 놀기 싫다고

저 멀리서 산들이 겹겹이 둘러서서
뒷짐을 진 노인처럼 이리저리 서성이다
흘끔흘끔 나를 본다
우리들의 얘기 소리 들리느냐고

어느 해 동해안에서

파도 옆을 거니는데
치어 한 마리가 톡 튀어나와
모래 위에서 파닥였다

조심스레 잡아
물속에 넣어주려다가 멈칫했다
포식자가 보였기 때문이다

먹잇감이 다시 들어오기를 기다리는 듯
포식자는 한자리에서
꼬리만 어슬렁대며
모래밭을 노려보고 있었다

물에 놓아주기를 포기하고 모래밭을 팠다
웅덩이를 만들어 치어를 넣었다가
포식자가 떠나면
바닷물에 놓아줄 심산이었다

물 머금은 모래이니
물이 고일 것이라는 예상과는 달리

움켜 붓는 물은 곧바로 사라졌다

할 수 없이
조금 떨어진 곳으로 가
치어를 놓아주고

안도감은 잠시
포식자가 있지 않을까
안쓰러운 불안감에 빠져들었다

존재 이유가
피식被食에 있다는
고차원적 순리가 서글펐다

선사 유적지에서

산봉우리 겹겹이 둘러선 땅
넓은 들판에서 바라보는 산
그 옛날 미개한 인간들 틈에서
선각했던
가녀린 소녀 이야기가 떠오른다

양선한 모습 안에
불타오르던 선험들
들짐승 잡느라 여념이 없고
산 열매 따느라고 분주한
원초적 생존 난難에 빠진 무리 속에서
나눌 곳 없는 고독을 삼키던 소녀

하늘가를 맴도는
슬픈 혼이 스며있는 산골 사이사이 위로
애잔히 펼쳐 덮는
그 옛날 선각했던
가여운 혼이 그리어진다

흔적

세상에 왔다가 남겨놓을 것 없으니
내가 쓸 물건 덜 쓰고 가겠다고
신념처럼 지내던 때가 있었다

세파에 떠밀리며 우왕좌왕하다가,
남겨놓고 갈 것이 너무 많다는 것을
일흔여덟 막바지에서 새로이 깨달았다

못다 쓴 물품들
더럽혀놓고 가는 자리
실망 슬픔 두려움의 불신과
분노 원망 미움의 악심들로
세상을 더럽혀놓고 간다는 사실

팔십 년간 어질러 놓은 지저분한 찌꺼기들
하나하나 치워야 하는데
정리해야 하는데

손발이 묶인 듯
내가 어질러 놓은 쓰레기들이
많다는 것을 인식만 하고 있을 뿐이다

이변 1

내일 먹을 양식 없어
사방이 절망으로 어두운 바탕 위에
실루엣처럼
아기 등에 업은 엄마
고개 떨구고
힘없이 걸어가는 모습이
가장 아름다운 영상으로 각인되었었는데

저기 누워있는 돼지를 닮았나
어느 틈엔가
거기서
아름다움을 느낄 수가 없어졌다

이변 2

가까이 왔나
이제 네가 싫다

긴 세월 동경했고
힘듦에
괴로움에
지침에 지치며
간절히 간절히 원했었는데

달릴 길 다 달렸나
슬며시
슬며시 피하고 싶다

아름다운 세상 마음이 젖는다

무는 무無

없어지고 싶어
망치로 두드렸다
조각날 뿐 없어지지 않았다

흔적조차 없애려
불에 태워 버렸다
잿가루로 변할 뿐 없어지지 않았다

제일의 본능
생존 욕을 버리고져
많은 시간을 썼어도 답을 얻지 못했다

존재하는 모든 것 없어지지 않는다
형태가 변할 뿐
없는 것은 없다 보이지 않을 뿐

공기 속에도
질소 산소 아르곤 이산화탄소 기타
비인 공간이 없다

없어질 수 없다.
있을 수밖에 없다
주어진 미션 다하도록 견뎌야 한다

살아있으라는
지엄한 명령 앞에
다른 길은 없다 순명이 있을 뿐이다

두 살 반의 세상 경험

홀로서기 하려 보니
사방이 천적이다

든든했던 울타리는
가시 방책이 되고

뻐꾸기 울던 시절 가자
먼 데서 이리가 운다

질병이라는 광대놀음에
질서 잡으려는 훼방꾼

제2 인생기의 두 살 반
홀로서기 서글프다

남도 기행문

가도 가도 꼬불꼬불 남도 고갯길
저 멀리엔 배 한 척 한가로운 수평선
구름 따라 서울 가던 소년의 원대한 꿈
파란 화폭에 새겨진 듯 높은 하늘
정갈한 화장실 보송보송 이부자리

강물도 아니면서 강이라 불리워 진
푸른 파도 출렁이는 바위섬 십자 골목

골골이 굽이굽이 노부부의 손길 어린
열대 식물 우거진 오솔길 따라
땀방울 식혀 주는 난간의 바닷바람
오돌오돌 뒷맛이 고소한 생선회

구름인 듯 구름인 듯 구름 속에 있는 듯
수평선 아득히 희미한 거기가
빼앗겨 아쉬운 대마도라는군요.

서울 갔던 소년의 꿈
각고의 노력 끝에 이루어 낸 후에

구름처럼 저렇게 파란 하늘에서
평화로움 누리며 행복했을까

원대한 꿈 이루어 낸 소년의 집 뒤로하고
전쟁의 슬픈 현장 수용소 돌아 나와
다시 또 꼬불꼬불 모퉁이 길 돌아갈 때
방울방울 섬 방울 초록 섬 방울

높은 산 숲속에서 피어오르는
하얀 연기 닮은 신비한 저것이
안개일까 구름일까 산의 정기일까
하늘에서 드리워진 구름에 닿아
구름 가루 하얗게 내려오는 거대한 산
봉울봉울 산봉우리 구름 위에 뜬 봉우리

이산 저산 유유히 넘나드는 구름자락
산허리에 둥실 쉬어 앉은 흰 구름송이
눈앞에 다가서는 두렵도록 큰 산에
비단 폭 펴내린 듯 가지런한 나무숲
신묘한 명약이 자라나는 곳

봉울마다 골짝마다 부드러움 깃들은
그래서 이름이 덕유산이었군요

떠나기 전 걱정되던 머나먼 남도행 길
조약돌 밟으며 그림 같은 섬 구경 후
큰 산 보고 벅찬 가슴 신묘함에 감탄하며
늦여름의 한산한 고속도로에서
쉬엄쉬엄 노닐며 여유로운 귀경길

인생

고생이란 말이 있고
희생이란 말이 있고
회생이란 말이 있다

감생甘生이란 말이 없고
낙생樂生이란 말이 없고
안생安生이란 말도 없다

고생을 하고
희생을 하고
회생하는 것이 인생이다

발효

땅끝 머리에서
하늘과 맞닿은 바다 너머에서
슬며시 피어나는 구름송이 같은
생명 구름인가
버섯 무리처럼 솟아오른다

황금빛 쌓이는 대지 위에
이 순간이 정지된 영원
시간 흐름이 염두에 없으니
정지된 듯 고요한 지금이 행복이다

천사의 위로

오늘도 다윗의 노래가 날아온다
주님께서 보내주는 천사의 복음
떨어지는 마음에
그때마다 들려주시는 사랑의 말씀
더워지는 가슴에 단비가 고입니다

기도지향

그와 나는 묵주의 9일 기도를 하고 있었다
그는 '하느님께 순명하는 덕을 구하며' 하는
말씀이 좋다고 했다

나는 '가난의 생활을 즐기는 덕을 구하며'가
좋다고 했다

삼십 년이 지난 지금까지도
그는 하느님께 순명하는 삶을 살고 있고
나는 가난의 생활을 즐기는 삶을 살고 있다

기도 기록 앞에서

대단하구나
올바름을 이루려는 자여

불굴의 정신 앞에 가슴이 메어온다
놀라운 능력이 어디에 숨었더냐

그래그래
팔분의 한 토막에서
두 손 높이 펴들고 울부짖을 때
힘차게 올라오던 그 말씀이
뜻 없는 말이 아니었구나

자랑스러워라
이해 못 되던
많은 견제들이
핍박이라 알지 못하던 순박함이
골방 속에 숨겨진 정성이었구나

크신 은혜와
철철 베푸신 은총에

그래
'당신 것이오니
주시는 대로 받겠나이다' 다지는
영혼이 정신작용으로 이루어지는 자리

그렁그렁
가득 고인 눈물
가슴안으로 흘러내릴 때
머릿속에 떠오르는 대로
'감사합니다' 뇌이는 너

안개 속에 번지는 여명
강인한 숨결이 어디에 있었더냐

대단하구나
올바름을 이루려는 자여

깨달음

나의 깨달음을 상대방에게 전했을 때
상대방과 나는 감격에 겨워 흥분상태가 되었다
혼자 간직하기 아까워 삼자에게 전했을 때
삼자의 반응은 무미건조했다

거기에서 또 다른 이치를 깨달아야 했다
특정한 때 하느님과 나와의 관계는
하느님과 나 사이에서만
선의로 작용한다는 사실을

교무금

젖과 꿀이 흐르는
약속의 땅
아득히 볼 수 없어 헤맬 때
구름 기둥으로 인도해 주신 길

진리 향해 마련된
두 길 앞에서
망설임으로 혼란스러울 때
불기둥으로 인도해 주시는 길

일각이 여삼추로
보낸 날들이
잠깐으로 여겨져 돌아보니
58년 걸어온 거친 광야 길

귀한 물품일수록
얻기 어려워
복된 삶 얻으려 발자국 남길 때
경계망 넘어가는 보람을 주시는 길

극기 연습

섣부른 말 했었나
숨을 크게 들이쉬고
다짐하듯 다시

'주시는 대로 받겠나이다' 해도
마음이 안 놓여

'견딜 힘을 주소서'
그래도 마찬가지

'견디어 낼 힘을 주소서'
비로소 안정을 찾으며
주님 감사합니다

항변

묵주를 들고 있으면
근엄한 말소리에 움츠러든다
할 일들 놔두고
귀한 시간을 허비하느냐

주눅 들려는 마음 다잡고
이것도 한 차원 다른
생산활동이라고 항변하며
놓지 못한 묵주에 힘을 싣는다

묵주기도 하다가

청원만 하다가
처음으로 감사 말씀드렸다

빙그르르
뚝뚝
주룩주룩
주르륵

골골대느라
치맛바람은커녕
밥도 제대로 해 주지 못했는데

엄마 아니었으면
우리 삼 남매
바닥 삶을 살았을 것

처음 듣는 말 아니언만
참으로
쉼 없이 내린 눈이 온 세상을 덮었나

바닥에 앉을 수 없어
의자에 앉아서나마 바라보는
임마끌리따

백아흔일곱 날
건성건성 쌓아오던
칠천육백예순 단 뒤에
이제 비로소 감사하는 20단

아직도 그치지 않는 감격에
주울 줄
주울 줄
여인 중에 복되신 님 기뻐하소서

어머니 선물

너와 나
사이에
차이가 생겼다

기록과
기억의
대립이 생겼다

문제 될 일 있음과
문제 될 일 없음의
공연한 설왕설래다

하느님이
다 아시겠지요
거창한 말을 했다

그게
무슨 대수라고
한 점 접으니 편안하다

에덴에 살다

호랑이에게 물리지 않게 해 주시니 감사합니다
여우에게 넘어가지 않도록 도와주시니 감사합니다
사냥하지 못해도 먹을 것 주시니 감사합니다

시냇물 소리 들리는 잔디밭에 누워
새 울음소리 듣게 하시고
꽃송이 위에서 나풀거리는
벌 나비들의 춤을 보여주시니 감사합니다

파란 하늘에 먹구름 몰려와도
오곡백과 자라나는 단비 되게 하시고
세찬 바람 몰아쳐 마음을 흔들 때
생명나무 붙드는 기다림을 주시니 감사합니다

대단한 힘

눈앞이 아득했다
할 수 있는 일이 아무것도 없는
무력감에서
밥도 안 먹고 성경을 펼쳤다
배가 고팠다

미카서 나훔서 읽고
하바국 읽으려는데
머리가 너무 아파 성경을 덮고
누워서 기도할 수밖에 없었다
배가 고팠다

뜻밖의 낭보
오 감사합니다
정말 기도의 힘은 위대합니다
밥을 먹으며
밥을 먹여 주심에 감사했다

영세한 지 35년
새삼스럽게

처음으로
밥을 먹여 주심에 감사해졌다

한자 외어 쓰기

먹을 때는 입으로 먹는다.

먹고 口
또 먹고 口
밭에 田
한 번 누웠다가 一
또 먹는 口
개 犬는
짐승 獸

짐승 수獸

분에 넘치는 사랑

정신이 하나도 없었다
미사성제 시간 내내

내 성 본명이 불리는 순간
아! 하는 놀라움
감사에 앞서 미안함에 휩싸였다

만류할 기회를 못 찾았던 일이
못내 아쉬워

내 착각이었을 수도 하고
방심하며 잊고 있다가
기습당한 것 같은 당혹감

돌아오는 다리에 힘이 빠졌다
찔끔 한 방울도 고이고

정신 가다듬고 화살기도 한다
그 정성 헛되지 않게 하소서
고운 그 마음에 은총을 베푸소서

기쁨

마음 담아 작은 선물을 했다
보기 좋게 거절당했다
멋쩍었다

상대의 본성이 가늠되었다
내가 취해야 할 길이 당당하게 왔다
기뻤다

주님 부활과 함께 온 기쁨
멋진 이 성장이
교만으로 이어지지 않게 하소서

감사합니다 1

저기 계시던 예수님
못마땅한 시선을 보내시던 예수님

여기 울고 있는 나를
측은히 바라보시는 예수님

오지도 않은 작은 고통에 떨어도
기댈 품을 주시는 예수님

감사합니다
감사합니다

영성이신 예수님을
이성으로 이해하려 했을까

애원으로 부르는 노래
눈물 감고[抱] 흘러간다

감사합니다
감사합니다

감사합니다 2

괴로운 짐
무거운 짐
지고 갈 사명 주셨으니
감사합니다

무질서한
생활에서
존재 가치를 느끼게 하시니
감사합니다

어려운 길
미소微少해도
보속의 기회로 알게 하시니
감사합니다

본향으로
가는 길
이탈 막는 걸림돌 도구 배려
감사합니다

감사합니다 3

눈을 떠 보니
제 세상이 온실이었습니다
감사합니다

이해 손익 앞에서
거짓 없이도 살 수 있었음을,
감사합니다

위험한 들판에서
보호색도 없이 살아온 날들
감사합니다

귀한 시간
아픈 눈물 다시 찾아주시니
감사합니다

이 모든 삶들이
임마누엘의 은총이었습니다
감사합니다

그리움 잔물결에 띄우다

인쇄 2025년 8월 12일
발행 2025년 8월 25일

지은이 성정자
펴낸이 노용제
펴낸곳 정은출판

주 소 04558 서울시 중구 창경궁로 1가 29 (3F)
전 화 02-2272-8807
이메일 rossjw@hanmail.net
출판등록 신고번호 제301-2011-202호(2008.10.15)
홈페이지 www.je-books.com

ISBN 978-89-5824-522-3 (03810)
값 13,000원

* 잘못된 책은 교환해 드립니다.
* 양측의 서면 동의 없는 무단 전재 및 복제를 금합니다.